Innie skylte vannie Jirre

Innie skylte vannie Jirre

Griekwapsalms en ander gedigte

Hans du Plessis

LAPA
uitgewers

Al die gedigte in hierdie bundel is oorspronklik, en nie opgeteken nie. Die transponering van die betrokke gedeeltes is gegrond op verskillende Afrikaanse vertalings van die Bybel.

Uitgegee duer LAPA Uitgewers (Edms.) Bpk.
Bosmanstraat 380, Pretoria
Tel. (012) 401-0700; e-pos lapa@atkv.org.za
Bandontwerp deur Tertia du Toit na 'n foto van Gerald Cubitt
Teks geset in 13.5 op 16 pt Cloister deur ALINEA STUDIOS, Kaapstad
Gedruk en gebind deur Paarl Print, Oosterlandstraat, Paarl, Suid-Afrika

Eerste uitgawe, eerste druk 2001
Eerste uitgawe, tweede druk 2001
Eerste uitgawe, derde druk 2001
Eerste uitgawe, vierde druk 2001
Eerste uitgawe, vyfde druk 2001
Eerste uitgawe, sesde druk 2002
Eerste uitgawe, sewende druk 2002
Eerste uitgawe, agtste druk 2003

ISBN 0 7993 2875 8

Vir Christo van Rensburg,
wat my aan die Afrikaans van die Griekwas
voorgestel het, en aan hulle wat Afrikaans
onder die kameeldoringse kan optel.

Die gebed van Jabes

(I Kronieke 4:10)

Jirre, stier tog nou U se wolklikheit,
en goi U se drippelse op onse koppe yt.
Gjee onse weidingse meerderder gras
en hou ons tog oener U se vlerkense vas.
Keer die beerlou van onse lyfte af weg
en draai tog net onse lewe wee bietjie reg:
lattie hyl ons nie innie nagte so matlik slattie,
ennie trane ons nie oppie mirrag skierlik vattie.

Inhoudsopgawe

Griekwapsalms

Die Spreke van Salemo

GRIEKWAPSALMS

Psalm 1

Vrede is nou dielike mense
wattie altoos net wil sit lyster
virrie godlooslike storiese
ommie viere vannie syperse!

Nee, hille lewe nou mettie Woord saam;
hille se monde praat nettie Jirre se naam.
Hille groei woes sosse groen karee
wat virrie mens hy se koeltese gjee!

Ma sos kaf issie sleg man:
hy waai weg as jy hom wan.

Droog issie godlooslike mense dwarsderie jaar,
marrie Jirre se kjent, nee, die worre nou ytgespaar!

Psalm 6

Ag, Jirre, moet my nou net seblief
nie wil staat straf as U kwaad issie,
bêre tog net U se kats weg!
Jelp my as ek so sieklik voel,
en maak my liewerster gesond.
Jirre, die ou bene die is bekwaald,
en my siel het groot geloop geskrik.
Ag, Jirre, tot wanner toe nog?
Kom nou eers wee bietjie trig
en kom red hierie siel van my.
Oorlat U nou regtiglik goed is,
want ek kan U mos nou niks prysig
as ek die dag geloop dood hettie.

Jirre, kyk, ek is nou op gesug
en ek het my kooigoed nat gehyl,
my oge het gestaat dof geraak
vannie vyand hie innie omtes.

Loop voetsek net, alman van jille,
want onse Jirre het my klagte gehoor:
jille sal vi jille alman staat doodskrik
en skaam-skaam daatlik loop omdraai!

Psalm 8

Jirre, dasie 'n lantie so ver of woes geleë,
sos dié sandland wat U nou vi my kom gjee,
want selfs in hierie droë annerlikeit
groei die gemsbokkomkommer van U se heerlikeit

Psalm 11

Da bo, da by my Jirre loop kryp ek weg,
al kan jille kom sê: loop sit sosse valk da hoog,
want die godlooslike die span hy se boog,
hy staat maak nou kla hy se giflike pylse reg

om te my innie donkerte te pebeer tref.
Assie hoekpale kom omgesmyt raak,
wat sallie regverdiglike mens nou maak?
Die Jirre, Hy sit in Hy se hys vehef.

Hy oplet ons en Hy se ooglitte toets Hy se kjennerse,
die Jirre toets nou die hele mense wat regverdiglik is,
ma diep in Hom siel haat Hy dies wat godlooslik is
en dies wat nou anner mense loop goi met klipperse.

Hy sallie godlooslikes alman in strikke in lat hang
en kole vannie viere sal op hille se koppe gat draai
ennie ooswind sal warmlik in hille se bekerse in waai,
want die Jirre se oge sal altoos die opregtelikes vang.

PSALM 13

Jirre, hoe lank gat U my nog staat vegjeet,
tot waffer tyd gat U nou U se gaseg draai?
Tot wanner moet ek planne in my siel in maak,
en hoe lank moet ek my nog sit vekommer?

Ag, Jirre, kyk tog net vi my en lyster,
hou tog seblief hierie twee oge oop
solat ek my nie dalk loop lê en doodslaap nie,
ennie vyand nie staat skrou: ek het gewen!
en dan jibbel oor ek geloop geomval hettie.

Ma nou kom vetrou ek vi U,
en ek sal altoos bly sing en dans,
want U was vi my goed gewas.

Ek willie Jirre vedag hoog ag
oorlat dit Hy is wat agter elke bos
met Hy se goeteit da vi my wag.

Psalm 15

En wie mag nou by U se hit loop intrek,
en wie mag op U se heilige dyn stap?
Hy wat die waarlikeit in hy se hart het,
en hy se tong ythou ytie alwynsap,
okkie skinner en agter die hand sit praat
of lelike goeterse van hom broerse glo nie,
en dies hatig haat wattie Jirre haat,
ennie weghol van wat hy jou blo nie.
Hy wat nou nie 'n man se grond vattie,
hy drik jou okkie mettie rentese plattie,
hy wat vas saam hy se broer-goed staan,
sal nou matlik innie Jirre se hit in kan gaan.

PSALM 23

Die Jirre is my Skawagter wat my nou
innie dradewerke van Hy se proewe hou.
Hy sal my nooit veloor lat lê nie,
en al sal ek ok niks oor my hê nie,
al wei ek nou wyd warie wind begin:
Hy lei my na waterse tissenie dyne in;
Hy sit my siel in my lyf in trig;
Hy breekslat slang se hoepelrig!

U melk my beker vol wa ek loop lê.
In my land wa ek Baas moet sê,
maak U opslagstrale van my tegeparty.
Ma ek en U, ons sal oenerrie doringse bly!

Psalm 24

Die aarde, my broerse, die is die Jirre s'n,
die Kalarie, die mense ennie hele goeterse da-in;
en als wat nog annerdag moet kom,
behoort eentlik hoeka al kla aan Hom:
Hy't hoekpale innie Gariep geloop ingeplant,
en met klipperse vasgepak oenerrie sand.

Wie, wie mag nou oener U se koepel bly?
en wie mag oppie dyne se rigte ry?
Hy wat skoon hande virrie armse vra,
enne eerlike hart in hy se borskas dra.

Psalm 42

Sos dors bok innie droogte al van ver
vannie putse af virrie droë waterse blêr,
blêr ek ok en ek gat soek nou vi my God.

Innie kjerk het ek gesing: die Jirre is groot!
ma trane die worre nou elkere dag my brood,
want die vyand die vra: nou wa bly jou se God?

Ek sit hyl oppie Grootdyn en my siel kreen,
dit smaak my die onse Jirre los my wee alleen,
ma dan sien ek, nee, hie neffens my sit my God.

Ek wil nou vi U kom sê: My Klip, het U my gevegjeet?
U slat hard mettie winde ennie droogtese solat ek weet:
ek moet nou wee 'n niewe liedjie beginte sing vi my God,

want Hy is mossie Jirre, wat nou somme onse ongelik,
as Hy so beslyt, kan lat omdraai innie groterder gelik!

Psalm 81

Haal nou yt jille se bekflyte en jille se kitaar,
roep die hele mense virrie Jaarliks, lat hille kom,
dis mos nou onse Griekwamense se fees vi Hom,
Hy't hoeka vi oorle Dam gesê: maak hille bymekaar!

In vreemde Namawoorde het ek gehoor:
Ek't jou gelat trek, die pak van jou se rig geafhaal
solat jy self jou se eige mieliese kan sit maal,
jou gekom red toet Ek vi jou hoor roep in my oor.

Ek het jou geantwoord innie skylte vannie donner;
en jou geloop getoets toet jy derie brakwaterse trek.
Lyster, my volk, as Ek praat, lat jy hoor dis nou Ek:
moenounie loop vedwaal, buie net voor een God da oener.

Ek issie Jirre wat jou gekom gebevry het ytie slawehys.
Rek jou se mond sosse klein kwartel vi My wyd,
maak oop, lat Ek jou se kos kan gjee oppie regte tyd.
Marrie volk lyster nie: hy is traag om te ag te wys.

Ma toe't hille My gelos en hille se voetpatte gevat.
Ek sou daatlik hille se vedrikkerse geloop gewen het,
want Ek sal mos nou hille se tegestanerse gekjen het
en Ek slat hille nog oppie selle dag met my Hand plat.

Die haterse vannie Jirre, hille se tyd is ewaglik veby,
ma dies wat Hom nou hoog ag, dies kom vesadig Hy.

Psalm 84

Jirre, hoe lieflik is U se heilige hys,
ek wil vi U nou net da gat prys.
Ek wil self nou seintoe gaan
en voor U se deer loop staan.
Ek raak in my hart in bang,
Jirre, vi hierie groot velang.

Die kiewiet het nou hy se plek,
die korhaan met hom skelterbek
is by U se skerm sosse hondjietjie tys.
Ek vra ok die skylte van U se hys,
want een inkelte dag op U se werf
is beterder as om te orie dyne te swerf.

Ek staan liewerster en klop aan U se deer
as te loop kyer byrie sypviere sonnerrie Heer.

Psalm 91

Hy wat innie skerm vannie Allerhoogste loop ingaan,
hy kan innie koeltese vannie Jirre se skade gat staan.
Ek sal virrie Jirre gat sê: U is my staning
en by U se waterse kry ek vi my 'n syping.
Hy haal jou vesigtig yt ytie voël se wip
en Hy sal Hy se vlerkense oor jou kom sit.
Jy sal innie nag nie meer die beerlou bang nie,
of lattie pylse jou innie mirrag vang nie,
of virrie skerpjoen wat jou innie donkerte steek
ennie bekwaaldlikeit wattie mirrag sit breek.
Al lê dysend langers jou dood annie deuskant,
en da lê nog 'n tiendysend aan jou se haarkant,
dit sal nou alles by jou vebystryk,
en jy sallit net so mettie oge kyk,
en jy sal sien hoelat satang loop dood,
ma jy, jy is vrede innie Jirre se skoot.
Die waterslang sal jou nie kan treffie,
ennie brommerse henner nie oppie werfie,
want Hy gjee vi Hom ingelse die las
om te jou altyd en oralster op te pas.
Hille vat jou nou op hille se hand
sonner lattie sand jou voete brand;
assie louens pebeer om te jou gaseg te hap,
sal jy op hille se koppe en oppie bakkop trap.

Dis oorlat Hy my liefhet,
sê die Jirre, lat Hy my red.
Ek sit met Hom by Hom se viertjie saam,
want kyk, ek kjen mos nou Hy se Naam.
Assie groot moeilikeit die dag hie kom,
jelp Hy, want ek sit net hie neffens Hom.
Ek sal Hom elkere dag van my lewe dien,
en ek sal laterder Hy se grootlikeit ok sien.

Psalm 100

Jyg, alman wat lewe, jyg vorie Jirre,
rieldans, sing en gjee vi Hom die ere.
Staan nader voor Hy se aangaseg,
prysig Hom met jou se Griekwadig.

Die Jirre is ok God en onthou lat Hy
nou 'n Griekwavolk vi Hom kom berei,
Griekwasse om te Hom te dien en vrees,
en veënse in Hy se weidingse te wees.

Gat by Hy se hekke in met lof,
sing psalms in Hom kraal se stof.
Kom in Hy se hit nou alman saam,
Kom prysig Hom en skrou Hy se Naam.

Die jimmel sit oor jou sosse heilige karos
en Hy se goetheid sal jou nooit wee los,
Hy se waarlike liefde sit wag
vi jou en vi jou se nageslag.

Psalm 104

Prysig die Jirre, my siel hie binne in my!
My God is byrie grootste groot veby!

U dres die lig sosse Grootkaptein vi U aan,
ennie jimmel hang sosse seil oor ons gespan.
U het kapteinhit vi U innie jimmel in gebou.
En U ry wolke sosse donkiekar wat hou,
dit smaak hy't nou vlerkense gekry
lat hy somme oppie hele winde ry,
die stormse stier U se boodskappe yt,
weerligte wag sos knegte op U se beslyt.

U hettie aarde innie lig in opgehang
en hy wikkel niks assie wind hom vang.
U hettie groot waterse orie dyne oopgerik,
ma toet U praat, het hille vi U se stem geskrik,
en hille het toe ma net wee geloop lê
oppie plekkerse wat U vi hille sê.

U lattie waterse innie gorrasse in blink
solattie hele diere vannie veld dit drink.
Die kwaggas staat syp hille smorens dik
ennie mossiese sit flyt inne kameel se mik.
U lattie bome drink ytie jimmel se fentein
ennie grassietjiese virrie diere kom yt U se Hand,
en virrie mense het die Jirre lekker tsammasse geplant.

U lat koringse somme ytie grond yt veskyn,
en oppie jaartse sit U drywe vi Vrydag se wyn.
Ons eet, ons drink ennie kelkiewynse sing ok,
innie strate tissennie dyne slaap ’n troppie bok.
Die son kom gjeel vi dassiese oppie klipperse op,
enne fisant vlie skree-skree ytie witgat se ronne kop.

U het die maand gemaak om te allie tye vas te vat
ennie son om te op te kom en wee oener te loop gat.
U sê nou virrie dag: loop worre nag, ons wil slaap
lattie tierse ennie wolf ennie ylens beginte besig raak,
lattie jong louense nou kan beginte om te brul
ennie jakkalse kan aas en dan hyl hille die stilte stil.
Hille vra virrie Jirre hille se kos vi hille se bekke,
assie son opstaan, loop slaap hille wee op hille se plekke
ennie mens die gat nou na hy se eige werkplek,
en kom eers wee trig assie son gat watertrek.
U het U se werklikeit rêrig so slim gestaat gemaak
ennie hele aarde het vol van U se skepselse geraak.

Die Grootrivier ennie visse-goed is ok deel
van hierie hys, en petys wil in hom loop speel.
Da ry bodens op wa-innie mense pas –
vroetyd was da ’n waterslang gewas ...

Alman innie Kalarie wag vi hille se kos,
hille moet dit net optel wa U dit loop los.

CUSTOMER COPY

FASCINATION BOOKS MEN

RECEIPT NUMBER: 0730
27 SEP 2004 12:16
M:2270641 C:0789910
U:HY18 V:0004 TR:000848
B:271001/010 AP:002342
R:HY1827101007 I:HS T:03

CHEQUE ACCOUNT
CARD NO EXPIRY
4938050029654252

SALE 117.90

TOTAL 117.90

Maak U se Hand oop en hille raak dik,
steek weg U se gaseg, en kyk hoe hille skrik,
die asemse vetrek as U staat Hand toemaak,
want dan gat die mense wee stof loop raak.

Stier nou U se Gjees yt lat hie nog geskapenes woon,
en, Jirre, was nou wee onse land se gaseg mooi skoon.

Jirre, U se heerlikeit staat nou vi ewag!
Lat U van blygeit oor U se werklikeit lag,
U kyk nettie dyne en hille beginte bewe,
U raak net die kokerboom en hille lewe.
Ek wil nou vi al my dage U se lof sit sing,
lyster nou as ek my dankie vi U kom bring.
Lattie hele sondaars nou alman afsterwe,
lattie klomp godlooslikes niks by U erwe.

Vi my eige Jirre dans ekkie riel.
Loof nou die Jirre, etse, my siel!

Psalm 117

Prysig die Jirre, allie nasiese, kom prysig Hom,
bring in jille se kele in 'n liedjie saam, en kom,
want die Jirre se liefde isse skylte vi jou,
en tot byrie ewaglikeit staat Hy se trou.

Psalm 121

Ek slat my twee oge op,
my kyk vang die verste kop:
waavanaf sal my hulp nou kom?
My hulp is vannie Jirre, van Hom:
Hy't nou die jimmel en Prieska gekom maak.
Sonner lat jou voete klipperse raak,
is Hy skoene agterrie skaap.
Hy dink nooit nie eers oor slaap.
Sontyd is Hy hoed op jou kop,
innie nag hou Hy gevaarlikeit dop.
Hy's mos nou da om jou op te pas:
jou siel hou Hy tissen jou ribbes vas.
Gan jy nou in of gan jy nou yt:
Hy's oor jou vi ewig en vi altyd.

PSALM 123

Ek sit my twee oge net oppie Jirre neer
om te kyk wanner sien Hy my wee,
want ek weet mos nou Hy kan
wee genatig raak met 'n man.
Sosse goeie hond sit my oge brand
op my eige baas se vetroulike hand,
ons weet Hy sal ons genade gjee,
en Hy sien ons nou hoeka al wee.
Aan veragtingse is ons dikgevreet,
ons wil niks meer van spotterse weet,
want ek sien mos nou Hy kan
wee genatig raak met 'n man.

Psalm 130

Ytie putse yt staat skrou ek U se Naam,
hoor tog dié stem mettie ellende saam.
Lyster nou net hoelat ek vi U sit smeek,
assie ellendese oor my ou siel staat breek.
As my sondelikeit in U se gedagtese bly,
sal ek dan nog by U al my lewensdage kry?
En as U vi ons nie vegjewe,
wie sal tot more toe nog lewe?

Ek sal nou nog langerder op U wag
assie skawagterse oppie vroeë dag.

Die Jirre sallie Griekwavolk velos,
want Hy se viertjie kokie siel se kos.

Die Spreke van Salemo

1:8-9

my kjent, lyster die lesse wat jou se pa jou gjee,
en onthou die goeterse wat jou se ma jou sit leer:
dit gat jou nou mooierder en mooierder kan lat worre
sos kraletjiese om jou se nek en boegoe byrie deer

6:6-7

lye mens, loop sit kyk nou virrie miere,
en jy sal sien hoelat hille kan werk vi iere,
sonner om te eers 'n wagter of voorman te het,
en dan loop leer jy nou ok hille se maniere

10:1

my kjent, kom sit lyster jy nou vi my:
'n deetlike kjent maak hy se ouerse bly,
marrie dwarstelike ene, nee, hierielike kjent
sal mette mes hille se harte nog stikkend sny

10:26

sossie bitterlike alwyn se sap teen jou se tanne
ennie brandrook innie oge al keer jy mettie hanne,
so issie ly mens wat elkere dag net innie son wil sit
assie deetlikes vi hom jelp vra met hille se planne

11:4

jy kan ma so ryk wees sos wat jy wil,
jy dink net dit makie Jirre se straflikeit stil,
ma jy sal yt jou sleg yt gered kom worre
as jy altoos lewe na wattie onse Jirre wil

13:3

die ene wat weet om te hy se mond toe te maak,
die Jirre sal nou innie nag by hy se deer sit waak,
ma met dies wat altoos hille se monde gat rek,
met hille sallie Jirre laterhand ongeduldig kan raak

16:2-3

jy meen die pad wat jy self loop, is goed,
marrie Jirre toets dieperder binne innie bloed;
lat los nou net jou se werklikeit virrie Jirre
en jy sal gat sienie plan lyk nou sos hy moet

16:8-9

dis beterder lat jy min het, ma jy lewe reg
as lat jou se sakke knopstaan vannie sleg;
dink jy nou ma jou se eige pad, ma sonnerie Jirre
loop raak jou se voetspore innie sand in weg

17:1

'n stikkietjie heilige pap yte pot yt
wat jy in vrede eet, sonner moeilikeit,
die sê ek nou vi jou, is baie beterder
asse vleishys vol mettie twistelikeit

17:5

hy wattie armlike mens staat spot,
hy spot eentlik ma met onse God,
marrie Jirre sal solike mens nog kom straf,
dies wat sit lag oor anners se bitterlike lot

17:16

dies wat onnooslik is en met gjeld innie sak loop
om te oppie dorp vi hille deetlikeit te gat koop,
hou hille slim, ma sonner 'n goeie kop op jou lyf
sal jy piere veniet vi anners se deetlikeit hoop

17:19

dies wat nou vanne gebakleiery hou
en hille se oortredingse wil loop trou,
dis nou hille wat klipperse innie voetpad sit
en bekslaterse in hille se dradewerke bou

17:28

jy kan nou ma dwarstelik wees sosse bok,
ma alman sal dink jy dra 'n deetlike kop
as jy tissen dies wat nou rêrig slimmerder is
niks pratie en jou se mond toe kan stop

18:4

die woorde vanne man se mond
wat sos waterse oener ytie grond
ytborrel en ytspyt net sosse fentein,
solike ene loop deetlik oppie jaartse rond.

19:7

assie armlike se broerse niks van hom wil wetie,
en hy se vrinde nie meer saam met hom wil etie,
kan jy hille veniet op jou se twee kniege sit soebat
lat hille jou seblief tog nie moet staat vegjetie

19:13

'n dwarstelike kjent veniel hom pa se lêplek
en hy sal die se dood nog kos, dit sien ek,
ma, my kjent, lyster jy nou: 'n twistelike vrou
is slegterder asse handpomp wat drip-drip lek

19:17

werk nou met 'n armlike mens saf
en dis sos leningse vannie onse Jirre af:
jy sal net gat sien hoe petalie Grootkaptein
maand vi maand somme self daai skilde af

19:18

paens, jille moet jille se kjennerse tig,
dit, sien ek nou, issie hele paens se plig,
anners bly sit hille sos boomkykense
tot grootmenstyd op jille se kromlike rig

19:25

gjee jy nou virrie onnooslike 'n klap,
sal hierie jongetjies ál vesigtigder trap,
marrie vestandige man worre net deetliker
elkere keer as jy vi hom gat slat

20:1

wyn lat jou se kop vol grappiese raak,
drank lat jou meerderder lawaai maak;
'n man wat vannie wingerd loop en slinger,
kom na jou toe aan mettie satang se saak

20:4

’n ly wagter lat los hy se bok innie paartyd,
ma laterder wil hy nou hie innie lammertyd
innie strate tissennie dyne hy se trop loop soek,
dan sit hyl hy: die ooiens goi nie lammerse yt

20:13

as jy nou wil skierlik staat armlik raak,
lê dan derie hele dag innie kooi en slaap,
ma staan mettie son saam op en gat loop werk,
en kyk, vanaand innie skerm kook jy skaap

20:17

as jy jou se eige bier skelm brou,
dan smaak dit altevol goed vi jou,
ma laterder eers gat sien jy nou, nee,
jy beginte hard anie klipperse te kou

20:30

’n pak slae oppie regte tyd is reg,
dit hou kwaad vannie lyf af weg:
’n warmlike hou oppe kjent se boud
lat hom ok vegjeet van more se sleg

21:9 + 19

ek bly liewerster allenig in 'n driedoring se kroon
as inne nes mette twistelike vrou innie selle boom,
ek loop liewerster innie Kalaristrate tissenie dyne rond
as om te saam met 'n kyflike vrou te gat woon

21:17

as jy net agterrie plesiere aan stryk,
sal jy vi altyd sosse arm man lyk;
as jy net vi soetwyn enne vleisietjie soek,
gat jy veniet virrie ryklikeit kyk

21:31

donkiese die kan jy nou tem
om te lyster na jou se stem
en te die karretjie te trek, ma dis nettie Jirre
watte land op Hom eige kan wen

22:2

vorie Jirre is alman gelyk,
of jy arm is of altemit ryk,
die Jirre het die hele mense gekom maak:
Hy sallie selle agter alman kyk

22:5

da is nou net doringse en strikke wat
sit wag innie pad wattie sleg mens vat,
ma as jy nou gat lief worre virrie eerlike lewe,
loop kies jy nou liewerster die mooierder pad

22:13

die lye mens die skrou:
bytoekant wag da ’n lou,
dan bly lê ek liewerster innie hys
annerster veskeer hy my nou

23:10-11

moenie die drade breek wat hoeka gespan issie,
moenie kampe veskywe offie ou bakense wissie,
moet nou nie die weeskjenerse se grond staat steel nie,
want hille se Jirre issie aan jou se kant innie twissie

23:26-28

glo nou vi my, my seun, en onthou:
sosse gevaarlike dyn issie slegte vrou;
mettie bierman se vrou val jy innie putse in,
hy lê toor mettie goeie man se trou

23:29-35

wie is dit wat nou so sug en sit steen,
wat baklei soek en nou so lê kreen
en somme vi niks kan gat seerkry nie
en met hy se rooi oge sit hy stokalleen?

dis dies wat nou die hele nag sit drink
en net aan nog een doppietjie bly dink;
moenie virrie wyn baas maak oorlat hy rooi issie,
lekker smaak en borrelse innie beker blink

agterna gat raak hy sosse pofadder wat pik,
offe spoegslang wat vi jou se twee oge mik,
dan sien jy annerlike vreemde goeterse en jy praat
prate wat jy laterder liewerster wil loop slik

dit smaak jy lê allenig oppie Grootrivier
of jy dink jy sit oppie rig vanne wille tier
en jy dink: ek hettie seergekry toet hille my slattie;
is ek nou wakker, en hoe kom ek dan hier?

en jy pebeer om te op te staan, en jy dink:
lat ek vi my 'n doppietjie soek om te drink

24:13-14

eet hening, my kjent, dis gesond,
dit smaak soet in jou se mond,
so smaak die gelerenteit ennie deetlikeit:
en jy loop met oormore in jou rond

24:30-34

toet ek nou by 'n ly mens se jaartse vebystap,
sien ek hy't gevegjeet om te die vylgoed yt te kap:
nog 'n bietjie innie kooi, nog 'n bietjie rus en innie son sit,
ennie armte kom vat jou sosse skelm innie nag

25:14

sossie ooswind ennie wolke innie lig
sonner bietjie reent later innie mirrag,
so isse man wat sê hy sal vi jou bok pirsint gjee,
ma solike man die kom nooit wee trig

25:16

as jy hening iewerster innie veld in kry
moet jy virrie heningvoël 'n bietjie lat agterbly,
ma as jy alles net allenig op wil staat en vreet,
sal daai maag van jou jou die hele nag deer ry

25:18

'n kwaai kierie enne geslypte byl,
'n gespande snaar enne giflike pyl,
dis nou 'n man wat teen hy se eige bierman
valslik getyg totlat die se kinnerse ok hyl

26:2

sos swaweltjiese wat nooit rissie
en nie eers iewerster loop sittie,
vliegie gevloekery by jou se twee ore veby
assie vloekie vi jou bedoel issie

26:17

sos dielikes wat nou 'n kwaai brak
somme anie twee ore wil loop pak,
is dies wat wil staat jelp mette gebakleiery
wat hille nie gebeginte het om te maak

26:20

'n vier sonner hout
bly die hele dag koud,
en sonner 'n kwaadsteker
worre baklei nooit oud

26:27

die wat 'n gat grou vi hom,
kan altemit self da-in kom,
ennie klipperse wat jy goi,
vlie miskien innie lig in om

27:8

'n volstrys wat hom se eierse los,
die is mos nou eentlik ma net sos
'n man wat somme hy se eige hysmense
lat agterbly sonner 'n stikkietjie kos

28:15

'n lou wat staat brul
en 'n kwaadsoeklike bul,
so isse godlooslike sleg kaptein
wattie nasie vedrik sos hy wil

30:18

is vier goeterse wat ekkie kan vestaan:
hoe 'n korhaan so stil innie lig loop staan,
hoe slang tene klip op seil, bodens bopie water bly,
en hoe werkie liefde tissen 'n vrou enne man

30:20

die vrou wat ontroulike goeterse doen
het mos nou hom eige manier van soen:
hy eet hy se pap, vee mettie hand die mond af en sê:
kyk, ek het mos nou niks vekeerd gedoen

30:24-28

klein diertjiese is lekker slim, vat nou die mier:
hy bêre hy se kos, en sprinkaan vlie sonner stier
sos soldade, dassiese smaak hille sit aan klipperse vas;
vang 'n akkeldis vedag en more sit hy wee tenie mier

30:29-31

da is nou drie diere wat sos kapteinse stap:
die lou wat 'n spoor sosse grootkaptein trap,
die koedoe wat smoors hoogkop virrie koeie snork
ennie werfhaan wat om jou se hys staat krap

31

wa sal jy nou 'n deetlike vrou kry?
want hy is dierderder asse tieroog en hy
sôre mooi vi hy se man en al hille se kjennerse,
hierielike vrouense makie manne ennie Jirre bly!

Annerlike versiese oppie Woord af

Prediker 9:11

My broer, ek het nou in Kjêmmil in gesit kyk:
dis nou nie die hase wat die reisiese wen nie,
ennie louense, die sien ek, veloor hille se stryd;
die flentervark die raak ok oppe dag skierlik ryk
en jakkals sal okkie die hele waarlikeit kjen nie,
die sikkel-sikkel wolf kom eerste byrie geraamtese yt:
marrie Jirre, my broer, Die sit nou self om te beslyt!

PREDIKER 12

Onthou vannie Jirre innie dage van jou jonklikeit,
lank vórie laterder jare vannie heilige bitterlikeit,
voorlat die son ennie lig ennie sterre ennie maan
dysterlik worre, ennie wolke ná die reent gat staan,
wagterse bewe, ennie grootmanne se rigte raak op,
ennie maalklipperse hille se werklikeit staat stop
oorlat hille nou skierlik wee minderder is
en dies wat moet oplet, ok al blinderder is,
ennie hele hyse se dere self net gat toeslat
ennie korhaan hom wysie verkeerd beginte vat;
jy sal kom bang worre om te oppie dyne te gaan,
die beerlou sal jou innie voetpatte lê voorstaan,
ennie doringse wit blomme op hille se koppe dra,
die ou grootsprinkaan sal moet kieriese loop vra
ennie boegoe die sal hy se hele krag veloor;
dan loop trekkie laaste asem jimmel toe oor,
ennie grootvrouense staat innie pad en hyl
ennie dradewerke dié worre nou afgeknip
ennie kleipot breekval stikkend byrie kyl
ennie puts se riem het gestaat afgebreek
ennie stof gat wee kop innie sand in steek,
en onse Jirre, Hy, Hy sit wag nou vi jou se gjees:
en alles sal sos wat dit gewas het, wee kom wees.

MIGA 6

Wat vra God vi 'n armlike Griekwamens,
en wat sal onse Jirre sit wens as Hy nou wens?
Met wat sal ek voetsaam narie Vader toe loop
om te Hom te ag en Hy se vergjeeflikeit te koop?

Sal ek nou vi Hom die voorbok slag,
of staat Hy virrie vet kapater en wag?
Sal ek Meimaand se lammerse brand
of soek Hy fenteinwaterse innie Hand?
Sal ek my eerste kêrelkjent moet petaal
voorlat Hy my sondesiel kom haal?

Ma toet ek nou die Woord mooi sit lyster,
toe sien ek wee 'n annerlike wyster:
gat vat nettie onlekker yt jou se lyf yt weg,
en maak eers die liefde in jou se hart in reg.

Die dierste goeterse, lyk dit mos vi my,
kan jy somme veniet by onse Jirre loop kry.

HABAKUK 3

Al sallie doringse innie veld nie meer wil blommie
ennie wingerde oppie jaartse se troste willie kommie;
al sallie dadelse nou niks dadelse meer dra nie
en dit nie jelp om te putse virrie water te gra nie;
al sal da nie meer skaap innie kampe in wesie,
innie krale is da nie meer bok, of eers 'n besie,
dan sal ek nog altyd innie Jirre sit jibbel en jyg,
want die Jirre red dies wat voor Hom byg.

Hy gjee my voete vanne gemsbok, die Kalarie lê oop,
en ek sal nou veilig hie oppie hoogste dyne kan loop.

Die Onse Vader

Onse Vader wat innie jimmel in sit,
ons wil nou vedag net vi U kom bid:
Lat U se Naam tog by ons ok geheilig raak,
lat U se Kapteinskap hie kom staningse maak,
lat U se Wil hie oener by ons oppie grond
ok gebere sos da bo tissennie sterretjiese rond,
en gjee vi ons vedag onse koppietjie meel,
vegjeef ons al onse geskjel en onse gesteel,
want sos ons nou yt U se Woord yt weet:
ons moet die naaste se sondese ok vegjeet.
Lat ons onse rigte gjee virrie vesoekingse,
en velos ons nou vannie hele dywel se dinge.

Da is niemand wat U se Kapteinskap wen,
en U het allie krag en U hettie grootlikeit,
van hie af tot da oorkant innie ewaglikeit!
Nou, Jirre, nou sê ons ma eers wee Amén.

Johannes 3:16

Só lief het die Jirre die hele mense gehet
lat Hy nou Hy se Kjent gekom gestier het
solat dies wat in Hom glo en vi Hom bid,
vi ewag innie hoge jimmel in kan gat sit.

1 Korintiërs 13

Al sal ekkie tale van mense en van ingelse praat,
ma ek het nou die liefde geloop geryl virrie haat,
dan het ek 'n raaslike paraffienblik gestaat raak.

Al was ek so slim lat ek niewe goeterse kan maak,
ma ek het die Jirre se liefde byte innie son gelat lê,
dan is ek niks, hoor wat ek hierie vedag vi jou sê.

Al gjee ek my hele bokke weg, net om te die ag te hê,
dan sal al hierie dinge my nou nog niks gepetaal hettie
as ekkie die liefde ytie jimmel yt kan geloop haal hettie.

Die regtige liefde die se bek is nooit nie dikkie,
jy sien hommie skinner en jy hoor hommie klikkie,
hy skrywe die kwaad okkie in boekietjiese oppie.

Die liefde maak alles mooi toe met hy se sawwe karos.
Tale die hou op, voorspellingse vedwyn en woorde raak los,
ma liefde die sal nou tot by ewageit toe net so bly staat.

Toet ek nou 'n kjent gewas het, toe't ek sosse kjent gedink,
en vedag sien ek net troewelte innie gorrawaterse blink,
ma eendag sal ek die Jirre se hele waarlikeit gat weet.

En nou is dit die geloof ennie hoop ennie liefde wat bly staat,
ma nettie liefde sal saam met my narie Jirre se jimmel toe gaat.

Woordverklaring

aandres: aantrek (klere)
ag: eer (ww. en s.nw.)
alman: almal
anners: andere (s.nw.)
beerlou: vreesaanjaende gedierte (bygeloof)
bekslater: draadhek wat met 'n stok toegemaak word
bierman: buurman
blo: belowe
bodens: bote
boomkykense: boomkuikens, d.w.s.werkende jongmens wat nog by sy/haar ouers woon
broer-goed: broer(s)
byg/buie: buig
byte: buite
bytoekant: buitekant
daatlik: dadelik
Dam: Adam Kok (eerste Griekwaleier)
deetlik: betroubaar/deugdelik/verstandig
dies: diegene
dwarstelik: dwaas/dwars/ongehoorsaam/ onverstandig
dyne: duine
etse: gambiet of uitroep, iets soos "ai"
fentein: fontein
gat (ww.): gaan
gelerenteit: geleerdheid
Gariep of Grootrivier: Oranjerivier
goeterse: goed of goedere

gorra: gat (vir water) in rivierbedding gegrawe
hele: dikwels in die betekenis van al, bv. die hele mense: al die mense
hanne: hande
henner: hinder
hit: hut
hyl: huil
ingelse: engele
inkelte: enkele
jaartse: werwe (verwysend na die wingerdkampe langs die Oranjervier)
jelp: help
Kalarie: Kalahari (halfwoestynstreek in Suider-Afrika)
Jaarliks: Griekwa-volksfees
jibbel: jubel
karos/kros: velkombers
Kjêmmil: Campbell (pleknaam)
kjent: kind
kjennerse: kinders
klipperse: klippe
koeltese: koeltes
kryp: kruip
kyer: kuier
lou(ens(e): leeu(s)
maand: maan
mirrag: middag
omtes: omgewing
ongelik: ongeluk
oener: onder

oorlat: omdat
opslagstrale: lugspieëling ("mirage")
pebeer: probeer
pety(s): party (van hille, s.nw.)
plekkerse: plekke
Prieska: pleknaam
proewe: jakkalsproefdraad
pylse: pyle
seintoe: soontoe
(die)selle: (die)selfde
skawagter: skaapwagter
skrou: skree(u)
skylte: skuiling/skuilte
slyp: sluip
somme: sommer
sonner: sonder
sos: soos
spreke: spreuke
staat: staan (ww.)
staning: staanplek/uitspanplek
strate: valleie tussen die duine in die Kalahari
syping: drinkplek/suiping (vir diere)
trig: terug
tsammas: wilde waatlemoen
vedag: vandag
vekommer: bekommer
vlerkense: vlerke
voetpatte: voetpaaie
vroetyd: vroeër dae (outyd)

wa: waar
wanner: wanneer
waterslang: slang met lig in sy kop (bygeloof)
wee: weer
weidingse: weivelde
werklikeit: werk (s.nw.) of werke
wille: wilde
witgat: boomsoort
worre: word
ylens: uile